大家小书
篆刻　程方平

新编历史小丛书

王祯和《农书》

万国鼎 著

北京出版集团公司
北京人民出版社

导 言

王思明

《王祯和〈农书〉》是由万国鼎编写的普及性历史知识读物，主要介绍了我国元代农学家王祯及其《农书》。

一、《王祯农书》[1]的作者、成书时代和农业地区

王祯是我国元代农学家，山东东平人，其生卒年月及其事迹经历因史料记载不详，留给后代是一纸空白。现有确凿记载王祯曾在1295年任安徽旌德

县县尹，于1304年调为江西永丰县县尹。他在任期间，常到农村做实地考察，援助和指导农民从事桑棉树艺，并搜求古今农业生产技术知识和操作方法，推广先进农具与农业技术，颇具成效，受到百姓爱戴。王祯不仅是一位农学家，还是出色的发明家和工艺学家。他发明创造了木活字排印法，还将当时农业上的器物分门别类地做了详细的记述，并附上图样。这些贡献，值得我们特别珍惜。

王祯编写《农书》，开始于任旌德县尹期间，调到永丰县尹后才编写完成。成书年代大约在14世纪初，1313年又做了一些修改，增加了个别附记，并写了一篇简短的自序。

王祯是北方人，多年生活在南方，于是他在其著作里面总是时时顾及南北方的差别，注意南北方之间的传习交流。所以《王祯农书》这部书，是综合了黄河流域旱田耕作和江南水田耕作两方面的生产实践写成的。王祯所著《农书》反映了很多当代农业生产的真实情况，都是极有价值的历史资料，是一部博古通今、综合南北的农业全书。

二、《王祯农书》的版本、结构体系

《王祯农书》，元代的原刊本没有存留，目前一般通行版本，主要是明代《永乐大典》本（简称明本）和清代《四库全书》本（简称库本），“库本”既参照“明本”进行了改订，又与

“明本”有明显不同的地方。“库本”不仅多了一篇作者自序，内容稍有出入，而且书的三个组成部分的次序也发生了变化，全书三部分《农桑通诀》《农器图谱》《百谷谱》的次序，“明本”以《谷谱》殿后，“库本”以《百谷谱》居中，所以，从次序来看，万国鼎编纂本书参照的是“明本”。现代刊行版本中，成果最显著的是王毓瑚先生的校注本《农书》。此外，还有缪启愉先生的译注本，而此版仍是以王毓瑚先生所校版本为底本。

《王祯农书》，全书篇幅较大，约有十三万六千多字，插图二百八十余幅。全书共有三十六卷，分三部分：（1）“农桑通诀”（卷一至卷六）是总论性质，论述了农业生产发展的历史，基本思想是“以农为本”，综合天时、地利、人力各方面的有利因素来发展生产；（2）“农器图谱”（卷七至卷二十六）分二十门罗列各种农具和运贮、加工工具的构造和用法，并附图说明；（3）“谷谱”（卷二十七至卷三十六）是栽培各论，包括了农作物及果、蔬、竹、木、杂等项。由上可知，本书有总论，有各论，层次井然，有条不紊，系统分明，体系完整。

当然《王祯农书》中也存在着不少问题，如引书张冠李戴、摘抄前人不标明出处等问题，而且书中还夹杂着封建迷信的思想，我们必须去芜存菁，正确对待。

三、《王祯农书》的三个重要部分

第一部分：《农桑通诀》

《农桑通诀》的主要内容，贯穿着农本观念与天时、地利、人力共同决定的思想，是作为农业总论写的，全面论述了当时的农业生产。开卷叙述了农事、牛耕、蚕事三样事情的历史来源。接着是本论十六篇，以“授时”、“地利”和“孝弟力田”三篇，说明天时、地利的作业与“力田”的重要性。然后才转入正文，记载从耕种到收获止，农业生产中的一些共同基础设施。复加“种植”（种植树木，包括桑树）、“畜养”（马、牛、羊、猪、家禽、鱼、蜂）、“蚕缫”三篇，作为农家副业。中间有一篇“劝助”，针对当时名为“劝农”的行政长官，在履行劝农这个节目中所表现的形式主义实质，进一步提出要求，希望官吏们自己先学习一点农业常识。“蓄积”一篇，教群众勤俭持家。最后是“祈报”篇。

本书把这十六篇本论按照问题的性质，分为四组。第一组：《授时篇》和《地利篇》。《授时篇》主要是叙述了历法的制定和运用；《地利篇》里，王祯则把各地的气候、地形、土壤等自然条件做了比较，指出了各地自然条件的特点。第二组：《垦耕篇》《耙耢篇》《播种篇》《锄治篇》《粪壤篇》《灌溉篇》《收获篇》。这七篇专论作物栽培过程中的各项问题。第三组：

《种植篇》《畜养篇》《蚕缫篇》。第四组：《孝弟力田篇》《劝助篇》《蓄积篇》《祈报篇》。

第二部分：《农器图谱》

《农器图谱》是王祯农书的重点，也是它最突出的特色。图谱一共三百余幅图，分作二十门。《田制门》（十四目）、《耒耜门》（十六目）、《钁臿门》（十二目）、《钱镈门》（十一目）等为耕作工具；《铚艾门》（十二目）、《杷朳门》（十五目）、《蓑笠门》（十四目）等收获用具；《蓧蒉门》（二十二目）即搬运工具；《杵臼门》（十一目，包括油榨），《仓廪门》（十二目），《鼎釜门》

（八目，包括炊具及盛器），《舟车门》（九目，包括田庐、守舍、牛室），《灌溉门》（二十三目，包括设备及工具），《利用门》（十三目，包括水利工具和水利设备），《麰麦门》（七目，收麦的特殊工具），《蚕缫门》（二十目），《蚕桑门》（十目），《织纴门》（七十一目），《纩絮门》（十一目，包括制作丝绵和棉花加工），《麻苎门》（十六目）。每一目（图）均附有说明，多半附有一段韵文，有时是一首诗歌，多数为王祯所著，有时还会附上几幅写生图。

本书是按照作物的栽培顺序来进行叙述的，分别从整地工具、中耕农具、灌溉农具、收获农具等方面详细介绍当时的农业生产工具。

第三部分：《谷谱》

《谷谱》是农业各论，分析了当时各种作物的栽培。这些农作物包含粮食作物、经济作物、油料作物、纤维作物。具体叙述了粟（谷子）、水稻、麦等粮食，瓜、菜、果树的栽培、保护、收获、贮藏、利用等技术和方法，也包括了竹木、纤维、药材，但不包含酿造项目。最后“饮食类”一篇，已经佚去两端，只剩下一段“备荒论”。

注释：

①王祯编写的《农书》，通称《王祯农书》。

目　录

一、王祯的生平

王祯是我国元朝时候一位著名的农学家。他是山东东平人。

山东在黄河下游，一向是经济文化比较先进的地区。我国古代杰出的农学家氾（fàn）胜之（公元前1世纪）和贾思勰（xié，公元6世纪）都是山东人。

关于王祯生平活动的史料很少，因此我们对他的生卒年月以及经历都不十分清楚。根据史书记载，仅仅知道他做过两任县官，元成宗元贞元年（1295年），任旌德县（今安徽省境内）的县尹（县长），在职六年。后来在元成宗大德四年（1300年）调任永丰县（今江西省境内）县尹，做了多久，没有记载。

王祯是个比较正直的官员，他在县尹任内，为老百姓办过不少好事。据《旌德县志》记载，他在六年的县尹任内，一直过着极为俭朴的生活，从来没有搜括过民财。他捐出自己的薪俸，办学校，修坛庙，修桥梁，办理很多公共事业。此外他还兼施医药，救济穷苦有病的人。他的这些行为受到当地人民群众的称赞。

王祯在县尹任内，经常劝导人民

种好庄稼。他在《农书》里，对那些只知道鱼肉老百姓不认真办事的地方官进行了揭露。他说，这些人尽做坏事，妨害农时，并且无限制地剥削人民，自己尽情享乐；他们下乡劝农（鼓励农民努力生产），也是预先通知各社各乡，约集聚会，要老百姓为他们供应差役；有的地方官还乘机敲诈，谎报劝农的功劳。王祯对这些人异常痛恨，他愤怒地斥责这些人："名为爱民，其实是害民。"

王祯很想做一个能为人民办事的好官，因此在他的《农书》里，对古代兴修水利、劝助农桑的地方官，如汉代颍川太守黄霸、渤海太守龚遂等人是极为推崇的。史书上称这些人为"循吏”，意思就是守法爱民的“好官”。《史记》《汉书》都有《循吏传》。王祯认为地方官应当学习这些循吏，以之为榜样。

王祯认为，一个地方官，应该熟悉农业生产的知识。如果地方官自己对于农事没有认识，那他又怎么能够担负起劝导农桑的责任呢？因此，他平常很留心农事，随时随地留心观察，积累了丰富的农业知识，终于写成了有名的《农书》。

《农书》大约是王祯在旌德县任内着手编写的，先后经过好几年，直到调任永丰县尹后才编写完成。1313年，王祯又为这本书写了一篇自序，大约距成书时间已有十年。

《农书》内容丰富，涉及的范围很广，不仅仅限于旌德、永丰两县地域之内。王祯在这本书里，还把南北农业的异同得失做了分析比较，提出了自己的见解。

元朝时候，除《王祯农书》以外，还留下《农桑辑要》和《农桑撮要》两部著名的农书。在这一历史时期里，能够先后产生这样几部农业科学著作，不是偶然的。首先是由于我们勤劳的祖先，在世世代代的长期生产实践中，积累了丰富的农业生产经验。远在公元前5世纪的战国时代，我国的农业生产技术就开始了精耕细作。从战国到元朝初年又经历了一千七百多年。在这一漫长的时期中，农业生产的技术又不断提高，生产的经验更加丰富，农业生产也有了更大的发展。

元朝在统一中国的过程中，封建统治者逐渐看到农业生产有利于封建剥削。元世祖忽必烈在位的时候，开始采取一些发展农业生产的措施，设置了劝农官，建立了专管农桑水利的机构司农司，因而对农书的编写发挥一些推动作用。但是这些农书能够编好，主要应当归功于农民所掌握的生产技术，其次是这些农书的作者较好地总结农民辛勤劳动的经验。

王祯不仅是我国古代著名的农学家，而且也是一位发明家。我们知道，我国在唐朝就开始采用雕版印书，但是雕刻木板是一件异常费事的工作。为了改进印书技术，在11世纪的时候，杰出的发明家毕昇曾经发明了胶泥活字排印法。但是这一方法并未得到广泛的运用，所以宋、元时代的书籍，大部分还是用雕版印刷。王祯在编写《农书》的时候，很想让自己的书早日出版，因此就创造了木活字。

木活字排印法的程序是这样的：先在木板上面刻上字，然后用细齿的小锯，把刻了字的木板一块块地锯开，再用锐利的小刀修理成大小一样、异常整齐的四方形木活字，常用字往往还要多做几个。木活字做好以后，把它们分别排列在两个叫作韵轮和杂字轮的轮架上。韵轮就是按音韵的次序排列；杂字轮是排列一般的常用杂字和

“之”“乎”“者”“也”等作为语助词用的字。检字的人坐在两个轮架的中间，只要转动韵轮或杂字轮，就可以摘取到他所需要的字，以字就人，极为方便。木活字检齐以后，就可以排版刷印了。一版印完以后，仍把木活字拆散，还原到轮架上去，以备下次使用。

王祯这套为数三万多字的木活字，刻制了两年才完成。刻成后，就在大德二年（1298年），试印他主编的《旌德县志》。全书六万多字，不到一个月就印成一百部，比雕版印书的时间缩短了很多。

此外，他还设计和绘制了许多生产工具的图样。例如他在江西看到有一种茶磨，就根据同样的原理，设计绘制

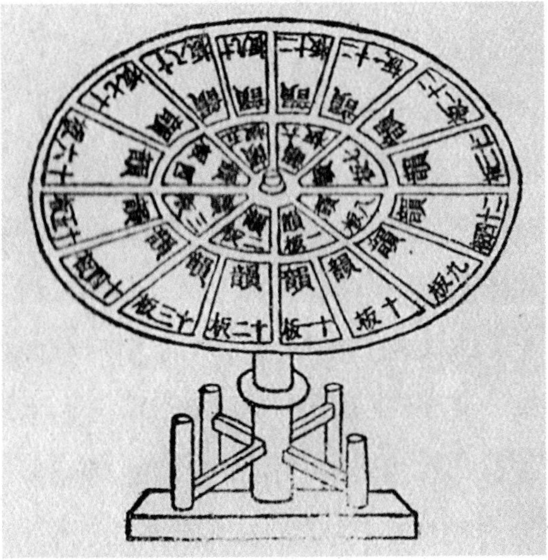

活字板韵轮图

成《水转连磨图》。水转连磨是利用水力发动的机械。这种机械性能很好，每具可以灌溉农田一百亩；如果用来砻（lóng）稻碾米，可以供给一千户人家食用。另外他还绘成《水轮三事图》。水轮三事也是一种用水力发动的机械，一个大水轮可以同时用来磨面、砻稻、碾米。

东汉时，南阳太守杜诗发明了水排，就是用水力鼓动排橐（tuó）风箱，铸造农具。但是由于时间相距太久，水排久已失传。王祯就多方搜访，终于弄清了水排的构造原理，并在原来的基础上稍加变更，绘出图来。

在王祯的《农书》里，还有着许多各式各样的工具图谱。这些都充分显示了他杰出的创造才能。

王祯还是一位诗人。清代顾嗣立编辑的《元诗选》中，就收入了他的诗，称为《农务集》。总之，王祯是一个多才多艺的人，但他主要的成就还是在农学方面。下面就把《农书》的主要内容及其特点略加介绍。

二、《王祯农书》的内容概要及其特点

王祯编写的《农书》，通称《王祯农书》。因为古农书中还有南宋陈旉（fū）的《农书》，明末沈氏的《农书》，用这样的通称便于区别。《王祯农书》是我国古农书中最有名的几部农学著作之一。

《王祯农书》共有三十六卷，分为三个部分——卷一至卷六是《农桑通诀》，卷七至卷二十六是《农器

图谱》，卷二十七至卷三十六是《谷谱》。《王祯农书》有几种不同的本子，除上面谈到的三十六卷本以外，还有一种二十二卷本。在后一种里，把《谷谱》十卷并成四卷，《农器图谱》二十卷并成十二卷，所以这种本子也是完整的，并不残缺。

全书约计十三万六千多字，插图二百八十一幅。

《王祯农书》有两个非常突出的特点。首先是对农业做了比较全面而有系统的论述。在《农桑通诀》中，总论农业上一系列的问题，并随时注意各问题之间的相互关系。在这以前，后魏贾思勰著的具有农业全书性质的《齐民要术》一书，虽然也谈到不少问题，但涉及的地区仅限于黄河中下游一带，而且主要是分别叙述各项生产技术，没有系统地总论其中所包含的问题和原理。南宋的《陈旉农书》，开始对栽培总论和农业经营做了比较完整的系统性的讨论，但作者是从农业经营者的立场出发，探讨的范围较狭，而且地区仅限于江浙一带。兼论南北，企图从全国范围内对整个农业做系统性的讨论，并把南北农业技术及农具的异同、功能，进行分析比较，《王祯农书》是第一部。

在问题的提出和表达方法上，《王祯农书》也力图做到简明概括和全面。例如在《农桑通诀》的《授时篇》里，王祯绘制了“授时指掌活法之图”，对历法和农时问题做了简明的小结。在《地利篇》里，他对全国风土和农产，根据自己所了解的情况绘制了《全国农业图》（可惜此图现已失传）。这两个图可以帮助读者对这些问题做比较全面的了解。又如在《灌溉篇》里，王祯指出我国的自然条件很好，如果能够很好地注意兴修农田水利，就可以防止和战胜水旱灾害，使得“国有余粮，民有余利”。在《农器图谱》的《灌溉门》里，他还谈到水的综合利用问题，主张把灌溉、航运、水力和水产结合起来。

《王祯农书》除总论性质的《农桑通诀》外，再配上各论性质的《谷谱》，有总论，有各论，系统分明。《谷谱》的各论，有些像《齐民要术》

的各论，但比《齐民要术》的分类更明晰，体例也比较整齐；而且《谷谱》的各论，几乎对每一种作物的性状，都做了说明，这在古农书中也是创举。此外它又结合《农器图谱》，对农具做了分类。这样就使得这部书的内容更加全面，体例更加完整。

《王祯农书》的另一特点是《农器图谱》的创作。《农器图谱》约占全书篇幅的五分之四，插图二百多幅，其中还有比较复杂的机械图形。我们可以通过这些工具的形状，进一步了解其构造。每幅图都附有文字说明，清楚地介绍了各种农具的来源、构造和用法。在《农器图谱》里，几乎罗列了作者所能够看到的和农业有关的一切工具和零件。在它以前，论述农具的书，有唐代陆龟蒙的《耒耜[1]经》，但是其中所介绍的农具，除犁以外，只兼及有限的几种农具，而且没有图。南宋曾之谨的《农器谱》（已失传）中所收农具的种类，也不及《王祯农书》多，也没有图。在它以后，明代的《农政全书》和清代的《授时通考》，虽有农具图，但一般都是抄自《王祯农书》，不是自己的创作。可以说，《王祯农书》的《农器图谱》是我国古农书中对农具记载得最完备的。

当然，《王祯农书》并不是完美无缺的，它也存在不少缺点。例如有些地方说得不够明白透彻。书中还夹杂着一些迷信的说法，在《祈报篇》里，就有不少封建迷信的文字。因此我们必须以批判的态度来对待这部农学遗产。

下面就把《王祯农书》的三个组成部分——《农桑通诀》《农器图谱》《谷谱》，分别做些简要的介绍。

注释：

①耒耜（lěi sì），耕地用的农具。

三、《王祯农书》的三个重要部分

（一）全面论述农业生产的《农桑通诀》

《农桑通诀》可以说是“农业总论”，开头叙述了农事、牛耕和蚕桑的起源，接着是本论十六篇：授时、地利、孝弟力田、垦耕、耙耮（bà lào）、播种、锄治、粪壤、灌溉、劝助、收获、蓄积、种植、畜养、蚕缫、祈报。

为了便于介绍，我们把这十六篇本论按照问题的性质，分为以下四组。

第一组，《授时篇》和《地利篇》。

《授时篇》主要是叙述了历法的制定和应用。历法怎样制定，这是一个比较专门的问题，在这里不做详细的介绍。现在我们仅就农业与历法的关系问题，做些说明。农业生产为什么要重视“时”呢？我们知道，种子发芽，需要一定的温度和水分。幼苗的生长、发育以至成熟结果，也需要一定的温度、水分、光照和时间。一种作物，由于长期习惯于周围的气候条件，因此在它发育的过程中，就要求适宜的温度或光照，这样才能不断地生长发育。一个地区内，一年四季的气候，大体上有一定的周期性的变化。所以一种作物的播种、生长发育以至成熟，也有一定的适宜时期。种得太早、太晚，或者没有在适宜时期内进行某种相应的农业措施，都会招致损失，甚至不能成熟、结果。所以农业生产必须掌握季节。为了便于掌握农时，我国很早就定出适合农业生产的历法，这种历法我们通常称为农历。

在《地利篇》里，王祯把各地的气候、地形、土壤等自然条件做了比较，指出各地自然条件的特点。接着，又进一步说明由于自然环境不同，所宜生长的作物也不同。因为各种作物都有各自的特性，它仅能适应于一定的自然环境。作物的特性虽然可以随环境的变化而逐渐变化，适应新的环境，但是不能变得太快、太大。如果环境骤然变了，就会阻碍它的生长发育，甚至招致死亡。因此必须尽量避免这种环境不宜所引起的损失。各地环境不同，因此产生了“风土论”。“风土”就是我们现在所说的自然环境。我国很早就开始重视风土和作物的关系，但是并没有受到“风土论”的束缚。例如元代另一部著名农书《农桑辑要》就明白指出新作物的引种和推广，不应受风土论的限制，《王祯农书》也继承了这一理论。

我国农业生产上有两条极其重要的原则，就是“不违农时”和“因地制宜”，这两句话简明扼要地道出了《授时篇》《地利篇》所谈的问题。但是这两句话所包含的内容更为广泛一些。“不违农时”不仅指播种要抓紧农时，并且要求事前准备以及劳动力的安排必须适合农时的需要，避免任何妨害农时的事情。“因地制宜”不仅要求选择适宜于环境的作物和工具，还要求改造自然环境，使它能适合作物的生长。

第二组，《垦耕篇》《耙耢篇》《播种篇》《锄治篇》《粪壤篇》《灌溉篇》《收获篇》。这七篇专论作物栽培过程中的各项问题，和现在的作物栽培学“栽培总论”的内容大体相同。

《垦耕篇》包括垦和耕两部分。“垦”指荒地的开垦，就是开荒；“耕”指土壤的翻转，就是耕田。

通常把正在耕种的土地叫作耕

地，没有耕种的土地叫作荒地。荒地还有板荒和抛荒的分别。板荒是指一直没有耕种过的荒地。抛荒是指过去曾经耕种过，以后抛弃不种而变成荒地。

荒地上通常都长着树木、杂草和芦苇等植物。开荒时，首先要把这些植物清除掉。《垦耕篇》里介绍了清除草木的方法。上面曾经谈到，有些荒地里往往长着根株稠密的芦苇或蒿莱[①]，耕地时很费力。如果遇到这种情况时，就可以用一种形似短镰的鄜（lì）刀，先把草根割断，然后再翻地。如果遇到大树，采用什么方法清除呢？《垦耕篇》介绍了一个简便而有效的方法：先在近根处剥去一圈树皮，树就死去，三年后树干根朽，就可以毫不费力地把它清除掉。这种方法，现在叫作环剥法。

板硬的土地不适于作物的生长，所以在播种前必须翻耕。翻耕后，还要把翻起的大土块破碎磨平，使土壤变得很松软，然后才能播种。《王祯农书》还进一步指出南方水田和北方旱田不同的耕作方法。

《耙耢篇》是介绍耙耢方法的。耙有方耙和人字耙两种。耢是无齿耙。它的主要作用是磨土和盖土。元代的农书对于耙耢特别重视，强调土地经过深耕以后，还要耙细。如果耙功不到，土块很粗，下种后虽然能够长出苗来，但是根和土不能密接，所以不耐旱，有悬空死亡、虫咬、干死等弊病。除麦田外，一般农田都应当进行秋耕，反复耙耢。到春季开冻后，再耙四五遍，这样就可以使土壤保持四指左右的墒（shāng），那么即使春季不下雨，到了播种期也可以下种。《耙耢篇》所介绍的耙耢方法，是十分宝贵的生产经验。在北方干旱地区，抓紧耙耢来保存土壤中的水分，非常重要。但是南方水田耕后用耙，耙后不用耢而用耖（chāo）（耖的齿比耙的齿长，间隔也稀）来疏通水田泥土。

《播种篇》介绍了选种和播种的方法。我们知道，一种作物有许多不同的品种。而种子的好坏，适宜不适宜，关系是很重大的。因此在播种前，必须进行慎重的选择，并且还要注意良种的培育、繁殖和贮藏，保持种子的纯洁和

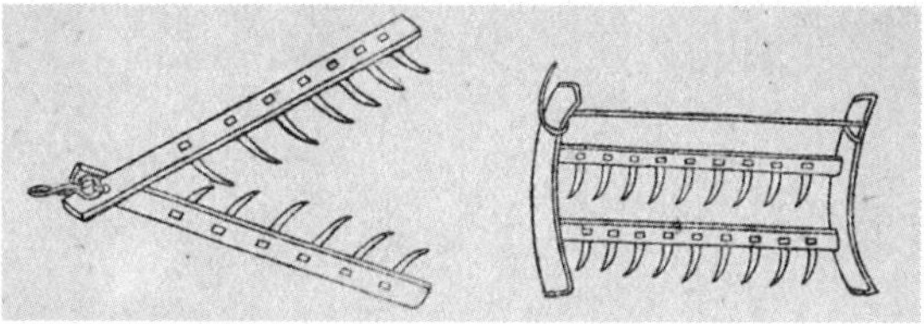

人字耙、方耙

耢

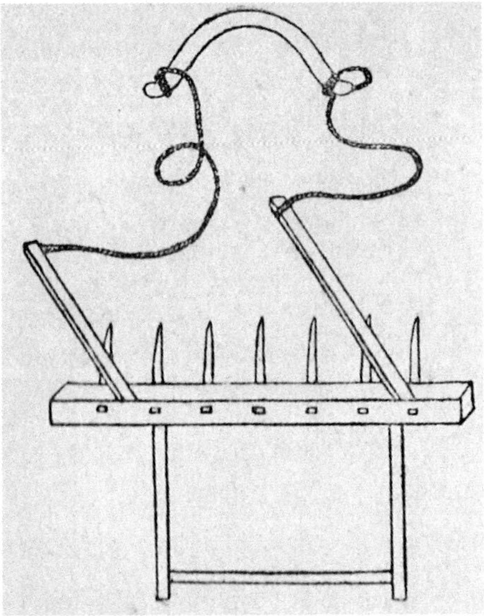

耖

生命力。经过选择的种子，在播种以前，有的还需做某种适当的处理，例如水稻的浸种发芽。播种要抓紧适当的时间。播种方法有撒播、条播、点播等几种。此外《播种篇》还谈到多种经营和作物轮作问题。最好能够选择几种在时间上先后衔接的作物，适当安排着，使土地终年不空闲，而且经常有收获。除农作物外，《播种篇》还谈到蔬菜的种植以及对病虫害的防治等。

《锄治篇》叙述了中耕除草的方法。因为通常除草用锄，所以除草也叫锄草。除草要注意早锄和多锄。早锄就是趁杂草还很小的时候就把它锄掉，谚语叫作“锄小”“锄早”。如果不早锄，杂草就会很快长大，根株茂密，除起来既困难，又费工。多锄是因为杂草除净后，不久又会长出来，所以在一季作物的生长过程中，往往需要多锄几遍。锄地是一个极为重要的田间管理措施。通过锄地，不仅可以锄去杂草，而且还可以把地面耙松。这样，一方面可以流通土壤中的空气，促进作物根的生长；另一方面，被耙松的那层薄土迅速干燥后，盖在地面上，还可以阻止土壤中水分的蒸发，具有保墒的作用。所以谚语说：“锄头底下三寸泽。”锄地有时还结合着培土、间苗和定苗。

现在我们再来谈谈什么叫作间苗和定苗。种子播下后，长出来的苗不一定全部合乎要求，所以播种时必须多用一些种子，待出苗后，再就太密的地方去掉一些弱小的苗，这叫作间苗。但是在第一次间苗时还不能把多余的苗全部去掉，有时需要留一些后手，等待稍大时再按照适当的距离，最后决定去掉哪些苗，保留哪些苗，这叫作定苗。以上所谈的问题仅限于旱田。水稻田用耘耥[2]而不用锄，而且插秧的株行距很整齐，也用不着间苗、定苗。

《粪壤篇》介绍了肥料的种类以及施肥、积肥的方法，还提出了对于地力的看法。古代称肥料为粪，“粪”字也可作动词用（那就是施肥的意思），所以这篇称为粪壤。

关于肥料的种类，本篇列举了苗粪、草粪、火粪、泥粪、踏粪、大粪、小便、石灰[3]以及禽兽毛羽、草木灰、腐草败叶、扫除的尘土、洗涤的泔水等多种。此外，在本书的其他部分，以及在它以前的农书里，还谈到牛粪、马粪、驴粪、猪粪、羊粪、鸡粪、蚕矢、旧墙土、麻枯[④]、马蹄羊角灰、洗鱼水、沟泥水、谷糠、豆萁（即豆茎）、盐水等多种肥料。

这一篇不仅介绍了多种多样的肥料，而且还进一步介绍了积肥、造肥的方法。积肥和造肥的方法很多，例如利用粪屋收贮垃圾、草灰、糠秕等杂物；也可以采用凿池的方法收聚谷壳、腐草、败叶、泔水等。这些杂物在积聚收贮的过程中，再加以调制，可以促使它们发酵，成为很好的肥料。

多种多样的积肥、造肥方法，充

分说明我们的祖先远在宋、元时代就掌握了丰富的肥料学的知识。

但是我们也应当指出，草木灰和人畜的粪尿相混合，草木灰中所含的碳酸钙，会促使粪便中的氮肥变为氨气而散失。所以这种办法并不是很好的。可是由于当时科学知识水平的限制，还不能了解到这一点。

除在家里积肥外，王祯还注意到经常到外面去搜集零星四散的肥料。这样日积月累，时间长了也可以积少成多。

关于肥料的施用方法，包含许多问题。施肥分基肥、种肥、追肥三种。其中最值得注意的是种肥的施用，我国比其他国家要早得多，远在两千年前就已开始了。《王祯农书》里还谈到下种肥的农具。这种农具构造并不复杂，只要在下种用的耧（lóu）车上再附加一个盛肥料的装置就行了。下种时，耧车向前移动，肥料也就随着落下，盖在种子上。

粪有生粪和熟粪的区别。所谓熟粪，就是经过发酵的粪。不仅人畜的粪便要腐熟后再用，连麻枯也要和火粪等堆积发酵后，才能施用。这一篇还指出不同的作物，要采用不同的肥料和施肥方法，例如栽培韭黄最好用马粪，因为马粪不仅可以提供养分，还可以发酵生热。

关于施肥和地力的关系的认识，有三点值得特别注意：（1）明确指出施肥的目的是“变薄田为良田，化硗（qiāo）土（瘠薄之地）为肥土”，从而提高单位面积产量；（2）土壤虽有不同，只要治理得法，都能适宜于栽培作物。这也就是说，不同的土壤要采用不同的粪治方法；即使瘠薄的土壤，只要处理得好，也可以种好庄稼；（3）土地只要经常施肥，就可以保持“地力常新壮而收获不减”。这是我国农业实践和农学中一个非常重要的思想。

《灌溉篇》谈论排水、灌溉和水利工程。我们知道，作物生长离不开水，但是水过多或过少对作物都有害。洼地嫌水多，高坡患水少。而且我国位于季风区域，年降水量的变率很大。北方年降水量较少，容易发生旱灾，但是又因为地形、水土流失和暴雨等关系，也往往容易发生水灾。因此，对水的控制，自古以来就成为我国农业上头等重要的问题。

王祯在《灌溉篇》里首先追溯（sù）了古代治水的情况。他认为古代很重视治水，在很多地方修筑了堤防，疏通了河渠。这样，就能够及时放水、蓄水。同时在田间还分布着沟洫（xù）系统，能够及时进行灌溉和泄水，有效地防止了旱、涝灾害。他还介绍了古代多种多样的引水方法：例如水在高处，就用闸门下灌、平浇；如果田高水低，就用机械提水入田，如果地势曲折而距水较远，就可以采用架槽（木架水槽）、连筒（用大竹管连接通水）、阴沟、渠道、陂栅（拦水坝，在上游拦水，使水位提高）等办法做长距离的引导。他通过对古代治水情况的回顾，来说明兴修水利的重要性，认为只有兴修水利才能够尽地利，保收获。同时还指出遍布祖国境内数以万计的河流，以及古代治水的经验，为我们从事水利建设事业，提供了极有利的条件。王祯在《灌溉篇》里，也提出了兴修水利的主张。

王祯在本篇还谈到圩（wéi）田和梯田⑤的建设。低洼的地方要筑堤防水，堤上应安装斗门。这样，天旱时，可以开斗门放水，灌溉农田；涝时，又可以用水车把多余的水排出。梯田不仅能够拦蓄山水，保存土壤的肥力，而且还能够阻止水土流失，不致冲毁山下的良田。

《收获篇》介绍了各种作物的收获方法。首先指出收获的时候，要抓紧时间，收得快，收得净。例如收麦时，必须尽快收割和脱粒，这样不仅可以避免风雨造成的损失，还可以保证不妨碍秋苗的及时锄治。收麦方法方面，《收获篇》介绍了北方收麦用的一种快速收麦器。这套收麦器由麦钐（shàn）、麦绰（chāo）、麦笼三部分组成。麦钐是割麦时使用的一种长镰刀；麦绰是一种用竹子编成的箕形抄麦器；麦笼也是竹编的，它被安置在一个有着四只小轮的木架上，另外木架上还拴了一根绳子，绳子的另一端系在收麦人的腰间。

这套收麦器怎样使用呢？方法很简便，收麦时，先用麦钐把麦秆割断，麦穗就自然地倒在绰里，收麦人就随手把绰里的麦穗投入背后的麦笼内，等麦笼装满后，就运往打麦场。这样，一天可以收割十几亩。

第三组，包括《种植篇》《畜养篇》《蚕缫篇》。

《种植篇》叙述了桑树、果树和其他树木的栽培方法。谈到桑树的种类、性质、繁殖、施肥、修剪和管理等方法；谈到栽种树木和果树的利益，移栽方法以及防治蠹虫⑥的方法；还谈到桑树、果树的六种嫁接方法：身接、根接、皮接、枝接、靥（yè）接、搭接。

《畜养篇》介绍了马、牛、羊、猪、鸡、鹅、鸭、鱼和蜜蜂的饲养管理方法。其中以牛为重点，强调农家以牛为本，因此必须加以爱护，不仅要注意它的饮食寒暖，而且使用要有节制，有病时给以治疗。关于养猪问题，谈到了猪种的选择、饲养以及去势（破坏猪的生殖器官叫去势）的方法。王祯在这里还谈到采集猪饲料的方法，广泛利用野生植物充作猪饲料，例如在江南水乡可以采集萍藻和近水诸物；在山地可以收取橡实之类；在江北陆地可以建立栽培马齿苋[7]的饲料基地；并用发酵方法来改善饲料。

《蚕缫篇》介绍了养蚕和缫丝的方法。

第四组，包括《孝弟力田篇》《劝助篇》《蓄积篇》《祈报篇》。

王祯在《孝弟力田篇》里，提出了自己对士、农、工、商的看法。他认为这四种人在社会上各有分工，缺一不可。但是在这四种人里，他又认为士和农是本，而工、商为末，因此他主张重士、农，抑工、商。《劝助篇》要求教导和督促人民积极从事农业生产，并且帮助穷困的人。《蓄积篇》要求国家和人民都应当注意节用和储蓄，以防凶年。《祈报篇》具有浓厚的迷信色彩。祈和报都是属于祭祀一类的迷信活动。祈是生产开始前为预求生产的顺利和丰收而举行的祭祀，报是收获以后的祭祀。祭祀的对象很多，有上帝、先农、土神、谷神以及猫、虎等。这一方面是封建统治阶级用来欺骗人民的方法，另一方面也说明了古代人们缺乏科学知识，对很多自然现象不能解释，因此就把丰收和灾害看成是神的意旨。

（二）详细介绍农业生产工具的《农器图谱》

《农器图谱》所载的农具，种类繁多。除农具外，还有田制、农舍、灌溉工程、运输工具、纺织机具等。此谱大体上分为田制（包括井田、区田、圃田、围田[8]、圩田、柜田[9]、架田[10]、梯田、涂田、淤田、沙田）、耒耜、钁臿、钱镈、铚艾、杷朳、蓑笠、蓧蒉、杵臼、仓廪、鼎釜、舟车、灌溉、利用、麰麦[11]、蚕缫、蚕桑、织纴（rèn）、纩（kuàng）絮（主要为棉纺织工具）、麻苎（麻纺织工具）等二十门。

我们依照作物的栽培过程，先谈谈整地工具。掘土最初是用木制的耒耜，工作效率极低。以后耒耜改用铁制。畜拉的铁犁，起于战国时代，可是最初仅有起土的犁镵（chán）。到了汉朝的时候，铁犁有了改进，增加了犁壁，它可以把掘起的土块翻转。由于功能提高，使用的人也逐渐多起来。到了元朝的时候，我们的祖先已经创造出多种能够适合不同需要的铁犁。耕起的土块必须把它破碎磨平。碎土工具起初用木榶之类，到汉朝以后就创造出畜拉的耙和耢，工作效率大大提高。起土、碎土工具除上面谈到的犁、耙、耢之外，还有铁搭（有四齿或六齿，柄很长，有点像耙）和山锄等。此外还有碌碡（liù zhòu）之类，用于镇压耕松的土壤。

土地经过平整以后，就可以播种了。我们的祖先在播种工具方面，两千年以前就发明了耧车。到了元朝又有了改进，出现了两种新的方法：一种是在耧车上附加了施下种肥的装置；另一种是在耧车后面配上了砘（dùn）车，它沿着耧脚所开的沟，镇压耧松的土壤，使土和种子能够紧密地接触。此外还有一种用瓠[12]做成的“瓠种”，

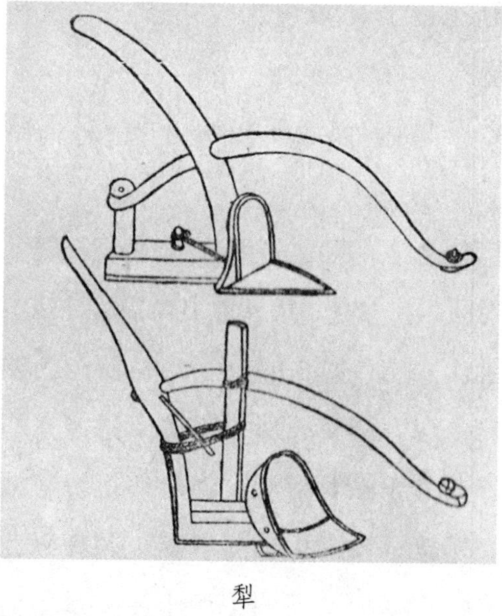

犁

上有木柄，下有木嘴，在耕过的垅畔泻下种子，然后再用土掩盖起来。这种播种工具多为比较贫苦的农民所使用。

中耕除草农具有耨（nòu）（短柄手锄）、锄（长柄锄）、铲、耙等，元初又出现了畜拉的耧锄。此外，在南北朝的时候，有了用于北方旱田的畜拉中耕器：锋和耩（jiǎng）。这两种中耕器作用不同。锋所铲起的土仍留在原处，利于除草保墒。耩能够把铲起的一层土推向两旁，具有培土的功能。宋末元初，又发明了用于南方水田的耘耥。

灌溉工具包括提水的机械装置和动力两方面。春秋末年，我国就有了从

耧车

砘车

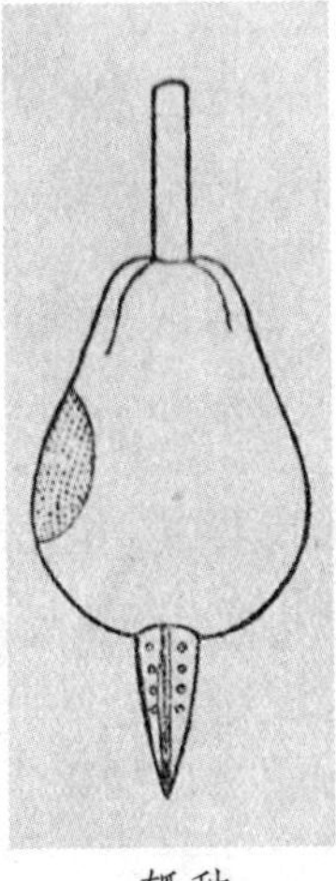

瓠种

井里汲水的桔槔[13]。这种工具是使用人力的。到了汉朝的时候，又发明了用人力或畜力转动的辘轳和在地面提水上升的翻车（又叫龙骨车）。翻车最初也用人力转动，以后又用畜力。什么时候开始使用畜力，这点我们还不能肯定，但是在宋朝的绘图里已经有了牛转翻车，因此至迟在宋朝时就已使用牛力了。翻车可以把水提高到一丈左右。如果岸高两丈，可以使用两车接运，先由第一部车把水提到中间的小池里，然后再用第二部车把水提到岸上。唐朝又发明了一次可以把水提高到十丈左右的高转筒车。如果两车接运，提水可以高达二十丈。这种提水工具是用水力转动的，也可以用畜力。

翻车

高转筒车

收获工具的种类也很多，有粟鋻（jiān）（半月形割穗短刀）、铚、艾、镰（割禾秆的曲刀）、钐和快速收麦器等。

以上所介绍的各种农具中，有一些大型高效率的农具创造于元朝。例如用四牛拉的犁耕田，用耧车结合砘车下种，用畜拉的耧锄中耕，用麦钐、麦绰、麦笼结合成的快速收麦器收获等。这些农具虽然功效较高，但是一般农民在地主阶级的残酷剥削下，生活异常贫困，无力购买，因此并未得到广泛的运用。

（三）分论各种作物栽培的《谷谱》

谷的原意，是有壳的粮食。但是《谷谱》所介绍的各类作物并不仅限于粮食作物。除粮食作物外，它还谈到菜蔬、果树、竹木及经济作物等。《谷谱》包括谷属二卷、蓏（luǒ）（瓜类作物）属一卷、蔬属二卷、果属三卷、竹木一卷、杂类一卷。篇末附《备荒说》。

我们先简略谈谈谷属。谷属一节包括粟、水稻、旱稻、大小麦（附青稞）、黍、穄[14]、粱秫、大豆（附豍豆）、小豆、豌豆、荞麦、蜀黍、胡麻、麻子（即大麻子）等十四条。粟在北方通称谷子，是我国古代首要的粮食作物。

大田栽培的植物，总称农作物。农作物中，除粮食作物外，其余的是经济作物，包括油料作物、纤维作物等。

《谷谱》谷属中的大豆，在古代是五谷之一，现在已不列入粮食作物，主要供榨油及制造副食品，是重要的油料作物。胡麻、麻子也属油料作物。

《谷谱》杂类中的苎麻、木棉（棉花）、苘（苘麻）是纤维作物。苎麻主要产于南方。棉花的栽培，在汉朝的时候，也仅限于广东、云南两省，以后逐渐推广到广西、四川、福建等省。到了宋末元初，棉花产地才迅速地扩大，推广到长江流域各省以及淮河流域地区。

随着棉花种植面积的不断扩大，南方的纺织技术也不断提高。这里可以连带提到一个关于纺织的故事：元朝的时候，在上海附近一个叫乌泥泾的村落里，住着一个受虐待的童养媳，名字叫黄道婆。黄道婆个性很倔强，她不甘忍受公婆的虐待，于是就逃了出来。这个无家可归的童养媳最后流浪至海南岛。海南岛盛产棉花，居住在这里的黎族人民都会织布。黄道婆在海南岛住了很久，并且从当地的黎族人民那里学会了纺织技术。1296年，她回到了久别的故乡乌泥泾。她回家以后，就把自己学得的关于纺织的各种技术，如错纱、配色、综线、絜（jié）花等方法传授给村里的人。结果，乌泥泾就成了一个盛产花纹布的地方。

北方在古代的时候蚕桑很发达，通常以丝麻或桑麻并称，但是没有棉花，布几乎全是用大麻纤维织成的。直到元朝初年，才开始在北方提倡种植棉花和苎麻。

《谷谱》杂类中的紫草、红花、蓝是染料作物。自从人造染料发明以后，这些染料作物才逐渐失掉了它们的重要性。

注释：

①蒿（hāo）、莱（lái），都是荒田里生长的杂草。

②耘耥（yún tǎng），一种除草的

工具。

③苗粪，指专门栽培作为肥料的绿肥作物；草粪，是用作绿肥的杂草树叶；火粪，就是熏土；泥粪，指沟塘泥；踏粪，就是厩肥；大粪、小便，指人的粪尿；石灰，主要用于水田。

④麻枯，就是麻籽榨油后的渣滓或麻子饼。

⑤沿江河低洼的地方，水高于田，必须筑堤防护，里面还分成若干块，这种田就叫作圩田。梯田，是在山坡上依照等高线开成的阶梯式田。

⑥蠹（dù）虫，是一种生在树木里的害虫。

⑦马齿苋（xiàn）是一种草本植物，茎叶可以吃。

⑧在江边、湖边的淤滩周围筑起土堤，开垦为田，叫作围田。

⑨柜（guì）田，形似围田，比围田稍小一些。

⑩深水的地方，无法种植，人们就用木头缚成架子，木架上再放些泥土，就可以种植了。这种田有点像木筏子，浮在水面，叫架田。

⑪镢（jué），大锄。臿，铁锹。钱，铲类。镈，锄。铚艾，收获时使用的农具。杷朳，收获农具，有齿的叫衣，无齿的叫耙。蓑（suō），用草编成的防雨衣。笠，雨帽。蓧蒉（dí kuì），盛谷的器具。杵臼，舂米器。仓廪，储藏粮食的方。鼎釜（fǔ），炊具。利用，利用水力做动力。黪

（móu）麦，收麦的专用工具。

⑫瓠（hù）是属于葫芦科的植物，结实就是瓠果，果皮干燥后可当容器。这里的瓠就是指干燥的瓠果皮。

⑬桔槔（gāo），一种汲水器具。利用木架，提挈水桶或水罐，从井中一上一下，一俯一仰，汲出水来。

⑭穄（jì），是黍的一种，黏的叫黍，不黏的叫穄。

出版说明

“新编历史小丛书”承自上世纪60年代吴晗策划的“中国历史小丛书”，其中不少名家名作是已经垂之经典的作品，一些措辞亦有写作伊初的时代特征。为了保持其原有版本风貌，再版过程中不做现代汉语的规范化统一。读者阅读时亦可从中体会到语言变化的规律。

新编历史小丛书编委会

图书在版编目（CIP）数据

王祯和《农书》/ 万国鼎著. — 北京：北京人民出版社，2019.5
（新编历史小丛书）
ISBN 978-7-5300-0368-8

Ⅰ. ①王… Ⅱ. ①万… Ⅲ. ①农学—研究—中国—元代 Ⅳ. ①S-092.47

中国版本图书馆 CIP 数据核字（2017）第 071434 号

责任编辑 司徒剑萍 魏晋茹
责任印制 陈冬梅

新编历史小丛书
王祯和《农书》
WANG ZHEN HE NONG SHU
万国鼎 著

出　　版 北京出版集团公司
　　　　 北京人民出版社
地　　址 北京北三环中路 6 号
邮　　编 100120
网　　址 www.bph.com.cn
总 发 行 北京出版集团公司
印　　刷 大厂回族自治县益利印刷有限公司
经　　销 新华书店
开　　本 880 毫米 × 1230 毫米 1/32
印　　张 2.5
字　　数 22 千字
版　　次 2019 年 5 月第 1 版
印　　次 2019 年 5 月第 1 次印刷
书　　号 ISBN 978-7-5300-0368-8
定　　价 18.00 元